GUIDE PRATIQUE

A L'USAGE

DES AGENTS DE L'AUTORITÉ

ET DE

LA FORCE PUBLIQUE

PAR

M. L'HUILLIER (ALEXANDRE)

Commissaire de police à Laval (Mayenne)

LAVAL

IMPRIMERIE MODERNE, PROMENADES DE CHANGÉ

1895

AVANT-PROPOS

1° Police Judiciaire : *Répressive.*

2° Police Administrative : *Préventive.*

La Police *protectrice,* qui joint la modération et la bienveillance à la fermeté, trouve un actif concours dans la population, qui ne voit plus que la main qui protège.

La Police *tracassière,* au contraire, excite l'indifférence chez les citoyens honnêtes et partisans de la paix publique.

Le Commissaire de Police,

L'HUILLIER (Alexandre).

RÉPUBLIQUE FRANÇAISE

INSTRUCTION

Sur le Service journalier des Agents de Police

DE LA VILLE DE LAVAL

Devoirs des Inspecteurs, Brigadiers, Sous-Brigadiers et Agents de Police

DEVOIRS ENVERS LEURS CHEFS DIRECTS

Une soumission toute disciplinaire forme la base de ces obligations ; les agents de police, pour la plupart anciens militaires, sont tenus d'agir comme au régiment. Ils doivent se montrer constamment exacts, prendre les instructions de leur chef direct dans les plus petites circonstances ; lui rendre compte, immédiatement, par écrit ou verbalement, de tout ce qui touche au service ; être discrets pour les notes et consignes communiquées, ne jamais amplifier les renseignements recueillis. Leurs rapports doivent contenir la vérité complète, mais la vérité seulement ; ce serait d'ailleurs mal servir le gouvernement de la République que de le tromper par une exagération dangereuse ; soumettre au chef les demandes et propositions destinées aux autorités supérieures, ne jamais employer la voie anonyme qui excite le mépris ; ils trouveront facilement accès et justice pour les réclamations fondées, faites ouvertement et avec convenance, mais ils doivent redouter les conséquences de toutes délations.

Les murmures, les signes d'improbation à l'égard des supérieurs sont incompatibles avec un bon service, et provoqueraient de sévères punitions.

DEVOIRS ENVERS LA FORCE ARMÉE

Dans leurs relations constantes avec la force armée, les agents doivent se pénétrer qu'un appui et un concours mutuels sont nécessaires ; qu'ils peuvent seulement *requérir*, en n'employant aucun terme impératif d'ordre ou d'injonction. Leur première obligation, quand ils n'auront pas d'uniformes, est de justifier de leur qualité par l'exhibition de leur commission ou de leur médaille au factionnaire et au chef de poste, d'écrire leurs réquisitions, à moins d'une urgence telle que la demande verbale puisse être expliquée ; enfin, ils ne doivent jamais s'immiscer dans les opérations purement militaires ni les commander.

Quand ils usent de leur droit de stationner dans un poste militaire, il faut que ce soit pour les nécessités du service et non comme repos ou causerie pouvant faire remarquer leur négligence ou les rendre importuns.

MM. les officiers de l'armée, faisant partie de la force publique, ont droit au salut des agents de police.

DEVOIRS ENVERS LE PUBLIC

Les agents doivent au public : bienveillance et fermeté ; politesse toujours, faiblesse jamais ; convaincre d'abord par la persuasion, réprimer ensuite ; l'agent qui n'emploie ni les jurements, ni les termes grossiers, ni les formes acerbes, et qui se montre toujours calme et maître de lui, conserve un avantage immense sur la personne à laquelle il s'adresse ; éviter toute plaisanterie et toute inconvenance qui amènent des représailles, se garder d'actes oppressifs ; ne pas porter la main sur ceux dont l'évasion n'est ni probable ni importante ; ne jamais frapper même les plus grands coupables ; enfin les agents ne doivent faire sentir la force dont ils sont dépositaires que pour réprimer les rébellions inexcusables.

DEVOIRS ENVERS EUX-MÊMES

1° Une grande sobriété est obligatoire pour les agents ; l'ivresse ou même la surexcitation dégraderait les agents, compromettrait leur considération personnelle et les ferait bientôt exclure du service ; 2° ne jamais se montrer, sans ordre spécial, dans les cabarets ou cafés ; 3° ne pas fumer sur la voie publique ; 4° éloigner tout sujet de querelle avec les collègues ou d'autres personnes ; 5° ne parler aux prostituées qu'officiellement quand le service l'exige ; 6° éviter toutes relations avec les gens sans aveu, avec les individus débauchés, ou participant à la débauche ; 7° ne pas contracter des dettes qui déconsidèrent, qui donnent lieu à des retenues officielles et provoquent souvent des scènes humiliantes pour un dépositaire de la force publique ; 8° dans les relations de famille, conserver des habitudes exemplaires ; 9° bonne tenue ; l'uniforme ou l'habit bourgeois doivent être gardés constamment dans un état de propreté parfaite ; des ordres de service règlent le costume de chaque saison ; n'y rien changer sans autorisation ; l'agent reste responsable de l'uniforme à lui confié, et il doit, surtout à lui même, de parfaitement l'entretenir.

DEVOIRS GÉNÉRAUX

1° Les agents de police sont institués pour veiller au maintien de l'ordre public et à la sûreté des habitants ils préservent la tranquillité publique des tentatives des perturbateurs par les moyens qu'ils ont en leur pouvoir, et assurent l'exécution des règlements de police ;

2° Ils doivent toujours se considérer comme étant de service, et, par conséquent, prêter assistance à toute personne qui réclame leur secours dans un moment de danger ; ils se transportent immédiatement sur les lieux en cas d'incendie, de vol, d'émeute, d'assassinat, de blessures graves, viols, homicide et autres faits d'une certaine gravité ; et ils doivent en avertir, s'ils le peuvent, ou faire avertir sur le champ le commissaire de police;

3° Les agents de police n'ayant aucun droit pour recevoir une plainte, ou faire une instruction préliminaire, doivent inviter le plaignant à se rendre avec eux chez le commissaire de police, et y conduire l'inculpé, s'il est arrêté par eux ou remis entre leurs mains ;

4° En cas de crime ou de délit, ils doivent recueillir avec soin les avis qui leur sont donnés sur les circonstances et les personnes, de manière à toujours procurer d'utiles renseignements au commissaire de police ;

5° Ils ne doivent faire usage de la force que dans le cas de résistance formelle ou de rébellion, et après avoir vainement employé tous les moyens de persuasion. Ils ne doivent se servir de leurs armes qu'à la dernière extrémité, lorsque des violences et voies de faits graves sont exercées contre leur personne, ou lorsqu'ils ne peuvent défendre autrement les personnes qui leur sont confiées ;

6° Les agents de police font des rapports qui sont remis au commissaire de police.

Ces rapports doivent être établis le plus clairement possible et contenir : 1° l'année, la date et l'heure ; 2° l'indication du lieu où s'est commis la contravention , 3° les noms et prénoms, âge, profession et domicile des prévenus et individus civilement responsables. Dans le cas où les inculpés refuseraient de se faire connaître, ils seront conduits devant le commissaire de police.

DU DOMICILE

Le principe général est que l'habitation privée est inviolable pendant la nuit.

Le temps de nuit est, du 1er octobre au 31 mars, depuis six heures du soir jusqu'à six heures du matin ; du 1er avril au 30 septembre, depuis neuf heures du soir jusqu'à quatre heures du matin.

Toutefois, la loi établit des exceptions pour les maisons ouvertes au public, tels que les cafés, cabarets, etc... Les agents peuvent entrer dans ces établissements pendant le temps qu'ils sont ouverts au public.

Les agents de police ne peuvent pénétrer dans le domicile des citoyens que dans les cas prévus par la loi, savoir :

1° Quand ils accompagnent un commissaire de police ;

2° Quand il se commet ou vient de se commettre un crime ou délit dans l'intérieur d'un domicile ;

3° Quand il y a une réquisition du chef de la maison pour faire constater un crime ou délit récent.

DE L'ARRESTATION

Les citoyens ne peuvent être mis en état d'arrestation qu'en vertu d'un mandat délivré par le Juge d'instruction, par le Préfet ou par le Procureur de la République, mais les agents de police ont le droit de s'assurer, en cas de flagrant délit, de la personne de tout individu qui s'est rendu coupable d'un crime ou d'un délit ; ils doivent le conduire immédiatement devant le commissaire de police.

Les arrestations doivent se faire avec calme et douceur, on ne doit ni injurier, ni frapper les inculpés, il suffit de s'assurer de leur personne et d'empêcher leur évasion.

DU FLAGRANT DÉLIT

Les agents de police ne peuvent s'assurer de la personne d'un citoyen qu'en cas de flagrant délit ; il est essentiel de bien préciser ce qu'on entend par ces mots.

Il y a flagrant délit :

1° Lorsqu'un crime ou délit se commet ou vient de se commettre ;

2° Lorsqu'un citoyen est poursuivi par la clameur publique ;

3° Lorsqu'il est porteur d'effets, d'armes, d'instruments, de papiers faisant présumer qu'il est l'auteur d'un crime ou délit récent.

DES CRIMES

En cas de crime, les agents de police ne doivent jamais hésiter à s'assurer de la personne du coupable.

Les crimes principaux sont l'assassinat, le meurtre, les blessures graves, résultat des coups volontaires, l'empoisonnement, l'infanticide, le viol, l'attentat à la pudeur avec violences si les enfants ont moins de onze ans, l'incendie volontaire, la fabrication ou l'émission de fausse monnaie, la fabrication ou l'émission de faux billets de la Banque de France, d'actes publics ou d'effets de commerce et les vols qualifiés, c'est-à-dire les vols commis en réunion la nuit, dans une maison habitée, à l'aide d'escalade, d'effraction ou de fausses clefs.

DES DÉLITS

Les délits n'entraînent pas nécessairement l'arrestation préventive ; les agents de police doivent éviter de s'assurer de la personne d'un citoyen connu et domicilié, à moins que le fait qui lui est imputé ne présente un certain caractère de gravité.

Les délits qui nécessitent la conduite de l'inculpé devant le commissaire de police, sont :

1° L'outrage par paroles ou gestes envers les religions reconnues par l'Etat ou envers les ministres de l'un de ces cultes ;

2° Les propos séditieux de nature à troubler la paix publique ; l'affichage d'écrits séditieux (ces affiches doivent être enlevées avec soin et déposées au commissariat de police) ;

3° La mendicité, le vagabondage ;

4° La contravention à un arrêté d'expulsion ;

5° L'outrage public à la pudeur ;

6° Le vol ou le recel d'objets volés ; le recel doit se présumer lorsqu'on voit des individus chercher à vendre à vil prix des marchandises ou objets qui ne sont pas de leur commerce habituel ;

7° La rébellion, c'est-à-dire les actes de violence ou les coups envers les agents de police agissant pour l'exécution des lois.

DES DÉLITS MOINS GRAVES

Les délits qui n'entraînent pas ordinairement l'arrestation préventive des inculpés alors qu'ils sont connus et domiciliés, sont :

1° Les outrages par paroles ou gestes envers les agents de police ;

2° Les coups et les blessures volontaires ;

3° Les accidents qui résultent de l'imprudence ou de l'inobservation des règlements, alors même qu'ils auraient entraîné la mort ;

4° Le port d'armes prohibées, telles que stylet, poignard, pistolet de poche, cannes à épées, cannes plombées, etc. :

5° Le colportage sans autorisation (les colporteurs ou chanteurs doivent être à même de justifier à tout agent de police d'une autorisation du Préfet, du Maire ou de son délégué) ;

6° Le débit de boissons sans déclaration ;

7° La falsification des denrées alimentaires ;

8° L'apposition d'affiches non timbrées ou sans indication du nom de l'imprimeur.

DES HOMMES IVRES

Les hommes en état d'ivresse qui occasionnent des rassemblements dans les rues, qui ont une tenue indécente ou qui profèrent des paroles injurieuses, doivent être conduits au poste de police, mais ils n'y doivent être retenus que le temps nécessaire pour les rendre calmes et à la raison.

DES MILITAIRES

Tout militaire arrêté doit être conduit au poste de la place, et avis doit en être donné au commissaire de police, ainsi que du fait qui a motivé l'arrestation.

En cas de contraventions commises par des militaires dans des réunions publiques telles que spectacles, bals, etc., ces agents feront, autant que possible, intervenir l'autorité militaire.

CONSTATATIONS DES CONTRAVENTIONS

Contraventions fugitives ou permanentes

On distingue dans la pratique les contraventions *permanentes* des contraventions *fugitives* ; les premières comprennent les saillies fixes non autorisées, l'ouverture illégale de certains établissements ; les secondes, appelées *fugitives*, mobiles ou nomades, peuvent disparaître bientôt, étant d'intérêt général, leur cessation devient urgente.

Les contraventions *permanentes* sont l'objet seulement de rapports administratifs, afin de provoquer des vérifications ou des sommations régulières.

Quant aux contraventions *fugitives*, les agents les constatent par des rapports destinés à l'autorité judiciaire : mais, en même temps qu'ils n'ont aucun droit de tolérance pour tel ou tel contrevenant, ils ont à joindre, à chaque rapport, une note indicative des causes d'atténuation ou d'aggravation.

Causes d'indulgence

Les principaux motifs d'indulgence à signaler par une note, sont : 1° l'âge avancé ou le très jeune âge du contrevenant ; 2° sa position précaire ; 3° la bonne foi avec laquelle il a pu commettre une infraction ; 4° les circonstances de force majeure auxquelles il a cédé ; 5° les regrets qu'il a exprimés ; 6° ses habitudes d'exécuter les prescriptions de l'autorité.

Causes aggravantes

Les causes aggravantes à signaler, sont : 1° les avertissements officieux que le contrevenant a pu recevoir. Ainsi, en ce qui concerne les étalages mobiles, les embarras de la voie publique et toutes les contraventions qui peuvent se reproduire par la même personne, les agents répondent aux intentions de l'Administration en prévenant avant de réprimer, mais aussi, comme ces avertissements ne sont pas prescrits par la loi, ils aggravent la contravention reproduite ; 2° les propos inconvenants de l'inculpé ; 3° les fausses indications qu'il a fournies ; 4° la date des précédents rapports qui l'ont signalé ; 5° son état d'ivresse ou de vagabondage.

Cessation des contraventions

Les agents ont le droit incontestable d'interrompre, autant que possible, toute contravention ;

pourtant ils doivent agir avec mesure dans beaucoup de cas ; par exemple, qu'une voiture soit chargée au-delà des ridelles, c'est une contravention à constater ; et s'il n'y a pas de danger sérieux de voir tomber les matériaux, il faudra se garder d'exiger le déchargement ; si, au contraire, les matériaux tombent sans qu'on puisse l'empêcher, il y aurait négligence de la part de l'agent qui laisserait continuer la circulation avant cessation de la contravention.

Avis à donner au prévenu

La loi n'impose aucune obligation de faire connaître à la partie que l'on constate une contravention à sa charge, mais ce n'est que dans le cas d'impossibilité que cette précaution peut être négligée. Il suffit d'ailleurs de dénoncer le fait, soit au contrevenant, soit à une personne qui le représente ; mais il convient de mentionner au rapport comment on a procédé à cet égard.

Il faut surtout se garder de promettre une indulgence qu'on n'a pas le pouvoir d'accorder.

Nombre d'agents constatant

Un agent peut constater la contravention, mais tous ceux qui ont vu le fait sont appelés à le certifier par leur signature au rapport.

Transmission des rapports

Les rapports des contraventions doivent être transmis immédiatement au commissaire de police.

Forme des rapports

Ils indiquent, en toutes lettres, la date, l'heure, le lieu de la contravention, les noms des rédacteurs, les nom, prénoms, profession et domicile du contrevenant, et, s'il y a lieu, le nom de la personne civilement responsable ; la nature de la contravention, l'ordonnance ou l'arrêté qui l'a prévue ; il ne faut pas faire les rapports collectifs, à moins qu'il ne s'agisse du même fait commis au même lieu par plusieurs individus ; éviter le grattage et les surcharges qu'on peut remplacer par des renvois ou par l'approbation des mots rayés.

Civilement responsable

Le père, et la mère après le décès du mari, sont responsables du dommage causé par leurs enfants mineurs, habitant avec eux.

Les maitres et les commettants, du dommage causé par leurs domestiques et préposés dans les fonctions auxquelles ils les ont employés.

Les instituteurs et les artisans, du dommage causé par leurs élèves et apprentis pendant le temps qu'ils sont sous leur surveillance.

La responsabilité ci-dessus a lieu, à moins que les père et mère, instituteurs et artisans, ne prouvent qu'ils n'ont pu empêcher le fait qui donne lieu à cette responsabilité.

Le propriétaire d'un animal ou celui qui s'en sert, pendant qu'il est à son usage, est responsable du dommage causé par cet animal.

Attributions principales des Agents de Police

Abandon d'animaux. — L'abandon d'animaux féroces ou dangereux sur la voie publique constitue la contravention prévue et punie par l'article 475, n° 7 du code pénal.

L'abandon sur la voie publique, par des conducteurs ou rouliers, des animaux ou bêtes de charge, de trait ou de monture, est une contravention prévue et punie par les articles 475, n° 3 du code pénal. — Si la contravention est commise sur une route nationale, départementale ou de grande communication, c'est la loi du 30 mai 1851 qui est applicable.

— L'abandon sur la voie publique ou dans les champs d'objets ou instruments pouvant servir aux malfaiteurs constitue une contravention punie par l'article 471, n° 7 du code pénal.

Auberges. — Les aubergistes sont obligés de tenir un registre sur lequel doivent être inscrits les noms des personnes qui ont passé la nuit dans leurs maisons. Le défaut d'accomplissement de cette formalité constitue la contravention prévue et punie par l'article 475, n° 2 du code pénal.

Dans leurs visites aux auberges, les agents de police doivent agir avec prudence et réserve. Les personnes suspectes qui y sont trouvées ne doivent être déposées à la chambre de sûreté que sur l'ordre du commissaire de police, si c'est pendant le jour, et si c'est pendant la nuit, qu'autant qu'il s'agirait d'individus sans moyens d'existence.

Affiches. — L'apposition d'affiches imprimées, autres que celles émanant de l'autorité publique, sans être timbrées, ou ne portant pas le nom de l'imprimeur, constitue une contravention aux lois et doit être constatée par les agents de police.

Les affiches des actes émanant de l'autorité publique seront seules imprimées sur papier blanc.

Alignements. — Les agents de police doivent s'assurer que les constructions, reconstructions ou réparations des maisons longeant la voie publique, sont autorisées par l'autorité compétente. Le défaut d'autorisation constitue une contravention prévue et réprimée par l'édit de 1607 et l'article 471, n° 15 du code pénal.

Animaux maltraités. — Les mauvais traitements exercés publiquement et abusivement sur des animaux domestiques, sont punis par la loi du 2 juillet 1850, dite *Loi Grammont*. Cette loi est applicable au charretier qui maltraite ses chevaux.

Attroupements ou Emeutes. — Les agents de police doivent informer immédiatement le commissaire de police lorsqu'un attroupement ou émeute se produit, car ce dernier a seul qualité, concurremment avec le Maire, pour le dissiper par la force s'il est nécessaire.

Bains de rivière. — Les agents de police doivent veiller à l'exécution rigoureuse des arrêtés pris par le Maire.

Balayage, propreté des rues. — Les agents de police s'assureront que le balayage des rues et places de la ville et l'enlèvement des boues et immondices se font d'une manière régulière aux heures fixées. Ils dresseront des rapports contre ceux qui ne se seraient pas conformés, sur ces points, aux arrêtés municipaux, ainsi que contre ceux qui déposent des ordures devant des édifices, et contre ceux qui n'obéissent pas aux plaques indicatives qui défendent d'uriner en certains lieux.

Bals publics. — Les agents de police employés à la surveillance des bals, doivent y assurer le bon ordre, la décence et l'exécution rigoureuse des règlements municipaux, et dressent des rapports des contraventions qu'ils auront constatées.

Bâtiments menaçant ruine. — Les agents de police doivent, dans leurs tournées, s'assurer du bon état des maisons longeant la voie publique. Ils doivent immédiatement signaler celles qui, par leur état de vétusté, ou par vice de construction, menacent ruine et leur paraissent être un danger pour la sûreté de la circulation.

Bohémiens. — Le stationnement sur la voie publique ou sur les terrains communaux, des voitures servant de logement aux Bohémiens et autres individus nomades, sans profession avouée, doit être interdit. Les agents de police doivent les surveiller d'une manière très active et les obliger à s'éloigner. Ils ne doivent pas hésiter à les conduire au bureau de police, s'ils relèvent quelques délits à leur charge.

Boucherie. — Les agents de police doivent faire exécuter les règlements de police concernant la boucherie et faire rapport des contraventions constatées. Ils doivent surtout veiller à ce que les bancs et autres instruments à l'usage des bouchers soient tenus proprement et qu'il ne soit jamais exposé en vente des viandes gâtées et corrompues ou non estampillées.

Boulangerie. — Même observation que ci-dessus, et veiller à ce que le pain livré au consommateur ait le poids pour lequel il a été vendu et qu'il n'ait pas été vendu au-dessus de la taxe fixée par arrêté municipal.

Brocanteurs. — Les brocanteurs doivent être surveillés très activement, car la plupart d'entre eux sont des rouleurs. Ils sont obligés d'avoir un registre pour l'inscription des noms des personnes à qui ils achètent des objets qui ne sont plus neufs.

Bruits et tapages. — Les bruits et tapages nocturnes et injurieux sont une contravention prévue et punie par l'article 479, n° 8 du code pénal ; mais il est essentiel, pour que cet article soit applicable, que la tranquillité des habitants ait été troublée.

Cabarets, Cafés et autres débits de boissons. — Les établissements publics, tels que cabarets, cafés, auberges, etc., doivent être l'objet d'une surveillance assidue de la part des agents de police, surtout en ce qui concerne l'admission des mineurs au-dessous de 16 ans quand ils ne sont pas accompagnés de leurs parents, les jeux de hasard et d'argent, et la fermeture aux heures règlementaires. Ils dresseront rapport des contraventions constatées et qui sont punies par l'article 471, n° 15 du code pénal et la loi du 23 janvier 1873 sur l'ivresse.

Cafés-Concerts. — Les agents de police doivent veiller à ce que le programme visé par le commissaire de police soit suivi en tous points. Ils signaleront dans leur rapport tout artiste qui se permettrait des signes ou des gestes contraires aux bonnes mœurs.

Chanteurs ambulants. — Les chanteurs ambulants ne peuvent exercer leur industrie sur la voie publique sans une autorisation écrite du maire ou du commissaire de police. Tous ceux qui ne pourront pas exhiber cette autorisation seront conduits au bureau de police.

Charlatans.— Même observation que ci-dessus.

Charrettes et Voitures. — Les agents de police doivent constater les accidents causés par la mauvaise direction que les charretiers donnent à leur attelage dans les rues de la ville ; lorsqu'ils dorment sur leur voiture ou ne se tiennent pas à portée de leurs chevaux pour les guider ; lorsqu'ils donnent une allure trop vive à leurs chevaux et voitures ou qu'ils ne tiennent pas constamment leur droite. — Ces contraventions sont punies par l'article 475, n° 3 du code pénal.

Le conducteur, pendant la nuit, d'une voiture non munie d'une lanterne allumée, commet une contravention punie par l'article 471, n° 15 du code pénal, si c'est sur une rue de la ville, et par la loi du 30 mai 1851, article 5, si c'est une route, bien que dans la traversée de la ville.

Chiens. — Les agents de police doivent constater avec soin les contraventions aux arrêtés municipaux qui prescrivent à certaines époques de l'année que les chiens doivent être muselés et porteurs d'un collier faisant connaître le nom et l'adresse du propriétaire ; tuer ceux atteints de la rage.

Colporteurs. — Sont colporteurs les individus qui se livrent à la vente des imprimés de toute nature, tels que les livres, écrits, brochures, journaux, dessins, gravures, lithographies et photographies.

Tout colporteur doit être muni d'un récépissé de la déclaration qu'il a dû faire à la mairie, à la sous-préfecture, ou bien encore à la préfecture.

La distribution et le colportage accidentels ne sont assujettis à aucune déclaration.

Comestibles. — Tout individu qui met en vente, les sachant falsifiés, des comestibles gâtés, corrompus ou nuisibles, commet un délit prévu par la loi du 27 mars 1851.

Les comestibles doivent être saisis et le vendeur conduit au bureau de police, s'il n'est pas domicilié en ville.

Constructions. — V. *Alignements*.

Cris séditieux. — On entend généralement par cris séditieux des cris qui sont de nature, en rappelant ou glorifiant un régime déchu, à troubler l'ordre public. — Il faut beaucoup de prudence pour la constatation de ce délit, et les agents de police doivent agir avec la plus grande circonspection.

Dégradations. — Les agents de police doivent rechercher les auteurs des dégradations aux maisons et bâtiments appartenant à des particuliers, par suite desquelles il est arrivé des accidents et qui constituent une contravention à l'article 479, n° 4 du code pénal.

Les dégradations commises aux monuments, aux statues et autres objets destinés à l'utilité publique, sont des délits prévus et punis par l'article 257 du même code. Les auteurs de ces dernières dégradations, quand ils n'ont pas de domicile connu, doivent être conduits au bureau de police.

Dénonciations. — Les agents de police n'ont pas qualité pour recevoir des dénonciations : ils doivent accompagner le dénonciateur devant le commissaire de police.

Dessins. — V. *Colporteurs.* — Si la vente des dessins, d'images, d'estampes ou de gravures contraires aux mœurs publiques se fait dans un magasin, les agents de police en avertiront le commissaire de police.

Devins. — Les personnes faisant métier de deviner, de pronostiquer, d'expliquer des songes ou de dire la bonne aventure, doivent être recherchées avec soin et empêchées d'exercer leur industrie dans les rues et places publiques.

Eclairage. — Le défaut d'éclairage des matériaux et autres objets laissés, la nuit, sur la voie publique, ainsi que les excavations, dans les rues et places, est une contravention à l'article 471, n° 4 du code pénal.

Les agents de police, dans leurs tournées, doivent surveiller l'exécution du cahier des charges de l'éclairage public. Ils doivent notamment s'assurer si les heures de l'allumage des becs de gaz sont exactement observées ; si l'extinction n'a pas lieu avant l'heure prescrite. Ils doivent prendre les numéros des reverbères qui seraient éteints avant l'heure ou qui ne donneraient qu'une clarté insuffisante.

Embarras. — Quiconque empêche ou diminue la liberté de la circulation sur la voie publique, en y déposant, sans nécessité, des matériaux ou objets quelconques, commet une contravention prévue et punie par l'article 471, n° 4 du code pénal.

Les agents de police doivent dresser des rapports à l'occasion de ces dépôts faits sans autorisation, et aussi à l'occasion de ceux autorisés par M. le maire, mais qui dépasseraient les limites fixées par l'arrêté d'autorisation.

Fenêtres. — Les agents de police doivent veiller à ce qu'il ne soit pas exposé aux fenêtres, ou au-devant des édifices donnant sur la voie publique, des objets qui, par leur chute, pourraient blesser les passants.

Cette contravention est punie par l'article 471, n° 6 du code pénal.

Filles publiques. — V. *Prostitution.*

Fontaines publiques. — Empêcher d'y laver du linge, des voitures, etc., s'opposer aussi à ce que les particuliers en usent pour autre chose que pour les besoins de leur ménage, et à ce que les industriels en prennent pour leurs travaux.

Fours, Cheminées. — Le fait d'avoir négligé d'entretenir, de réparer ou de nettoyer les fours, les cheminées ou usines où l'on fait du feu, est une contravention prévue et punie par l'article 471, n° 1 du code pénal.

Frippiers. — V. *Brocanteurs.*

Garnis. — V. *Auberges.*

Gendarmerie. — Les agents de police, dans l'exercice de leurs fonctions, ont le droit de demander main-forte à la gendarmerie et à la force armée. — Ils doivent d'ailleurs se pénétrer qu'un appui, un concours mutuels sont nécessaires, et que, s'ils sont obligés de requérir, ils ne doivent employer aucun terme impératif d'ordre ou d'injonction.

Glaces et Neiges. — Les agents de police doivent faire exécuter avec soin les prescriptions du règlement et du cahier des charges, pour éviter les accidents et la malpropreté.

Gravures. — V. *Colporteurs.*

Halles et marchés. — La surveillance des agents de police dans les foires, halles et marchés, a pour but de maintenir le bon ordre, d'assurer la fidélité des débits et de veiller à ce qu'il ne soit exposé en vente que des denrées non gâtées ou corrompues et principalement en ce qui concerne les fruits, le gibier, la viande et le poisson. Ils doivent prêter leur concours aux employés chargés de la perception des droits de place.

Immondices, Ordures. — V. *Balayage.*

Ivresse. — Les personnes trouvées en état d'ivresse manifeste sur la voie publique ou dans les établissements publics doivent être déposées dans la chambre de sûreté, jusqu'à ce qu'elles aient recouvré la raison et qu'elles ne soient plus une cause de trouble pour la tranquillité publique.

La contravention sera constatée dans tous les cas par un rapport des agents de police et poursuivie devant le tribunal compétent, conformément aux termes de la loi du 23 janvier 1873.

Jets de corps durs, immondices, etc. — Le jet ou l'exposition, au-devant des édifices, des choses pouvant nuire par leur chute ou des exhalaisons insalubres, sont punis par les dispositions de l'article 471, n° 6 du code pénal.

Le jet de pierres ou d'autres corps durs ou d'immondices contre les maisons, édifices et clôtures d'autrui, ou dans les jardins ou enclos et le jet volontaire d'immondices ou corps dur sur quelqu'un, constituent une contravention prévue et punie par l'article 475, n° 8 du code pénal.

Jeux de hasard. — Les jeux de hasard doivent être empêchés sur la voie publique et dans les lieux publics. La tenue de ces jeux aux lieux ci-dessus indiqués constitue une contravention à l'article 475, n° 5 du code pénal. — Les tables, instruments, appareils de jeux, ainsi que les enjeux, les fonds, denrées, objets ou lots proposés aux joueurs, doivent être saisis et confisqués, article 477 du code pénal.

Logeurs en garnis. — V. *Auberges.*

Loteries. — La loi du 23 mai 1836 prohibe les loteries de toutes espèces. — Les loteries d'objets mobiliers dont le produit est destiné à des actes de bienfaisance, ou à l'encouragement des arts, sont seules exceptées lorsqu'elles sont autorisées par le Préfet du département ou le Ministre de l'intérieur.

Maisons de Jeu. — Lorsqu'une maison de jeu sera signalée aux agents de police, ils en donneront immédiatement avis au commissaire de police qui prendra les mesures nécessaires pour arriver aux constatations légales.

Mendicité. — Les agents de police ne doivent supporter aucun mendiant valide : ils arrêteront tous ceux qu'ils rencontreront. Quant aux mendiants invalides et étrangers à la ville, ils prendront les mesures nécessaires pour les obliger à s'éloigner et ne les arrêteront qu'à la dernière extrémité.

Monuments. — V. *Dégradations.*

Octroi. — Les agents de police, de service en ville, aideront les employés d'octroi dans leur service extérieur quand ils en seront requis, et ils les préviendront des fraudes dont ils se seront aperçus.

Pain. — V. *Boulangerie.*

Plaques de voiture. — Les agents de police dresseront des rapports contre le conducteur d'une voiture circulant sur la voie publique et n'étant pas munie de la plaque prescrite par le décret du 10 août 1852.

Prostitution. — A l'égard des filles en carte ou filles soumises qui vivent isolément dans leurs meubles ou dans des maisons garnies, et des filles en carte qui vivent dans les lieux de prostitution connus sous le nom de maison de tolérance, les agents de police doivent veiller à ce qu'elles se conforment rigoureusement aux prescriptions des arrêtés municipaux sur la matière et notamment à celles qui leur défendent de stationner, soit de jour, soit de nuit, sur la voie publique et de s'y produire indécemment, d'y appeler directement ou indirectement les passants, et de provoquer d'une manière quelconque aux portes ou aux fenêtres de leurs habitations.

« Toutes les filles en carte sont tenues de se soumettre à une visite sanitaire qui a lieu chaque samedi. »

Les infractions aux prescriptions qui précèdent seront constatées par des rapports des agents de police et réprimées par les dispositions des articles 471, n° 15, et 474 du code pénal.— Les contrevenantes pourront être de plus déposées pendant 24 heures dans la chambre de sûreté.

A l'égard des filles ou femmes non encore inscrites sur le registre de police, bien qu'elles se livrent d'une manière clandestine à la prostitution, et qu'on appelle insoumises, la surveillance des agents doit se faire d'une manière active et assidue, mais avec une grande prudence et une grande réserve. Les agents de police doivent, quand ils rencontrent une de ces filles ou femmes faisant acte de débauche ou d'excitation à la débauche d'une manière quelconque sur la voie publique ou dans les lieux publics, rendre compte au commissaire de police de tous les détails qui peuvent rendre certain le cas de prostitution qui entraîne quand il est habituel, l'inscription de ces filles ou femmes sur le registre de police.

Lorsque ces faits sont constatés pendant la nuit, ces femmes ou filles ne doivent être arrêtées et déposées dans la chambre de sûreté qu'autant que ce serait à une heure indue, qu'elles refuseraient de se faire connaître et d'indiquer leur domicile, ou qu'elles n'auraient pas de domicile fixe.

Refus de secours. — Dans les circonstances d'accidents, de tumultes, naufrage, inondation, incendie ou autres calamités, ainsi que dans le cas de brigandage, pillage, flagrant délit, clameur publique, ou d'exécution judiciaire, les agents de police ont le droit de requérir le secours des citoyens. — Celui qui, le pouvant, refuse ce secours, commet une contravention prévue et punie par l'article 475, n° 12 du code pénal.

Saltimbanques. — Les agents de police doivent veiller à ce que les saltimbanques et marchands ambulants soient munis d'autorisations régulières, qu'ils n'occupent que les lieux et places qui leur sont assignés et qu'ils n'encombrent pas la voie publique.

Signalements. — Les agents de police doivent inscrire sur leur carnet tous les signalements qui leur sont communiqués, de façon à pouvoir constamment s'occuper de la recherche des individus signalés. Ils ne doivent pas croire que parce qu'ils sont chargés d'un service spécial, il leur est permis de se désintéresser dans la recherche des malfaiteurs.

Somnambulisme. — L'exercice du somnambulisme ou du magnétisme, comme métier intéressé, constitue la contravention prévue et punie par l'article 479, n° 7 du code pénal.

Les agents de police doivent empêcher l'exercice de cette industrie sur la voie et les places publiques, et signaler au commissaire de police les personnes qui l'exerceraient à domicile.

Théâtre. — Les agents de police doivent y maintenir l'ordre et y assurer l'exécution des règlements. Lorsqu'il s'agit d'incidents sérieux, ils ne doivent intervenir qu'après avoir pris les instructions du commissaire de police. Avant et pendant l'ouverture des bureaux, ils doivent empêcher l'encombrement devant la porte d'entrée, faire placer les arrivants par rang et veiller, à l'ouverture des portes, à ce que chacun entre à son tour et qu'il n'y ait pas encombrement au guichet et au contrôle.

Vagabondage. — Il faut la réunion de trois circonstances pour constituer le vagabondage :

1° Défaut de domicile fixe ;

2° Absence de moyen d'existence ;

3° Défaut d'un métier ou profession.

L'absence d'une de ces trois circonstances suffit pour faire disparaître le délit.

Tout individu trouvé dans ces conditions doit être conduit devant le commissaire de police.

Il est des individus qui, quoique porteurs de passeports réguliers et paraissant exercer un métier, peuvent être considérés comme vagabonds. Ce sont ces faux colporteurs qui, en général, fréquentent les fêtes, les foires et les marchés, qui parcourent les cafés et autres établissements publics, en apparence pour y débiter des marchandises et en réalité pour s'y livrer, sous ce prétexte, au vol et à l'escroquerie.

D'ordinaire, ces prétendus marchands ne sont guère nantis que de lacets, de quelques chaînes de métal, quelques cahiers de chansons, etc

Doit aussi être arrêté comme vagabond tout individu sans domicile certain, n'exerçant ni métier ni profession et trouvé porteur d'un ou plusieurs objets ou de sommes de valeur supérieure à cent francs, et qui ne pourra pas justifier de leur provenance.

Voirie. — V. *Alignements*, *Balayage*, *Bâtiments*, *Bohémiens*, *Charretiers et Voituriers*, *Éclairage*. — Les agents de police signaleront aussi les réparations à faire au pavage, aux trottoirs, promenades, édifices publics, etc., etc.

Voitures. — V. *Charretiers et Voituriers*.

Vente d'ouvrages obscènes, etc. — V. *Dessins*.

ACCIDENTS, SUICIDES, ALIÉNÉS

Quand un agent a connaissance d'un accident ou d'un suicide, il doit faire prévenir immédiatement le commissaire de police, et secourir le malade, soit en s'adressant à un médecin, soit en le transportant dans une pharmacie ; recueillir les dires de chaque partie intésessée ; conduire au commissariat l'auteur de l'accident et, s'il y a mauvaise direction d'une voiture, la retenir provisoirement, après avoir relevé son numéro ou l'indication complète de sa plaque; s'il s'agit d'une diligence ou d'une voiture de service public ou urgent, on se contente de renseignements qui la feront retrouver ultérieurement.

S'il y a mort *certaine*, empêcher le déplacement du cadavre, l'approche des curieux et le détournement d'aucun objet ou papiers.

Quand il reste le moindre doute sur la mort, il faut d'abord prendre les mesures que l'humanité indique, notamment couper la corde en cas de pendaison, transporter sans secousse le corps sur un lit, desserrer les vêtements, donner de l'air s'il s'agit de l'asphyxie par méphitisme (mauvaise odeur), et faire avaler un peu d'eau et de vinaigre.

Aucun agent ne saurait partager le préjugé populaire qui arrête encore quelques personnes en hésitant à entreprendre et secourir avant l'arrivée du magistrat ou en faisant des réserves absurdes, telles que celles de laisser dans l'eau les pieds d'un noyé ou de ne pas déplacer un blessé.

Quand il y a fermeture de la porte d'une pièce où l'on présume qu'une personne s'est suicidée, l'agent doit la faire ouvrir; s'il y a certitude d'être utile, il se fait assister d'un ou deux témoins, tout en ayant soin d'écarter les curieux ; quand l'urgence n'est pas démontrée, il doit attendre l'arrivée du fonctionnaire compétent.

Quant aux aliénés, il arrive presque toujours que celui auquel on parle avec douceur, dans le sens même de sa folie, se laisse facilement conduire au commissariat pour recevoir une destination ; on peut d'ailleurs prévenir le magistrat qui se transporte à domicile.

Dans les cas exceptionnels où l'aliénation est furieuse, où le malade étant armé peut frapper quelqu'un ou se frapper lui-même, le moyen qui réussit le mieux consiste à l'envelopper de couvertures pour lui ôter la liberté des mouvements.

SERVICE DE VOIE PUBLIQUE

Indépendamment des services spéciaux prescrits aux agents, soit pour divers points à surveiller, principalement dans les halles et marchés, soit pour les cérémonies ou fêtes publiques où il y a agglomération de personnes, les agents sont habituellement chargés de rondes le jour et la nuit pour l'exercice général de la police ; alors, ils doivent pour ainsi dire se multiplier ; circulant sur un petit espace, ils doivent se tenir au courant de ce qui intéresse la police dans leur circonscription ; ils évitent de se rapprocher et de causer inutilement, marchent doucement et s'arrêtent aux carrefours pour observer partout.

Service de jour

Ils surveillent la propreté des rues, la liberté de circulation, les étalages en saillie, les matériaux déposés indûment, la vétusté des bâtiments, la présence de pots à fleurs dont la chute est redoutable, les chiens errants même avec collier, les excavations ou dégradations du sol, les débits d'imprimés, l'exposition d'ouvrages ou objets obscènes ou d'emblèmes séditieux.

Ils empêchent les rassemblements, la rapidité des voitures et le stationnement des marchands ambulants et des saltimbanques non autorisés.

Ils arrêtent les auteurs de rixe, les mendiants, les auteurs de crimes ou délits et les ivrognes causant scandale ; c'est surtout à l'égard d'un homme ivre qu'ils doivent employer beaucoup de douceur pour le conduire au poste, afin de ne pas l'exposer à commettre des délits d'outrages et de rébellion auxquels le prédispose son état de surexcitation.

Service de nuit

Ils surveillent l'éclairage et les causes possibles d'incendie ; la fermeture des portes des maisons, des cabarets et cafés, aux heures fixées par les règlements de police.

Ils arrêtent les auteurs et complices de désordres ou de tapages nocturnes ; les individus porteurs de paquets dont l'origine n'est pas justifiée ; les vagabonds, les rôdeurs, les gens qui se cachent, cherchent à fuir ou sont munis d'instruments dangereux ; ceux qui outragent la pudeur ; les filles soumises, qui ne doivent jamais circuler sur la voie publique.

Déménagements furtifs

Les agents doivent s'assurer avec la plus grande circonspection de l'endroit où on conduit les meubles et marchandises.

Intervention dans le cas de rassemblement

Si les agents ne consultent que leur zèle et leur courage, ils seront généralement portés à pénétrer au milieu d'un rassemblement pour le dissiper ou en arrêter les principaux auteurs ; mais ils doivent préalablement se rendre compte de la possibilité d'une intervention utile pour l'administration, et dans le cas où ils acquerraient la certitude d'avoir le dessous et de compromettre ainsi un résultat désirable, ils ont à en référer au commissaire de police, et à surveiller en s'occupant d'obtenir un renfort dans les postes ou casernes voisines.

DES INCENDIES

Lors des incendies, l'intervention consiste à faire avertir les officiers et le poste des pompiers, le maire et ses adjoints, le commissaire de police et les autorités ; à donner appui aux pompiers ; à requérir l'intervention des travailleurs, afin de porter secours et d'organiser une chaîne, à faire ouvrir les portes nécessaires pour puiser de l'eau, à empêcher partout le désordre et les vols, en régularisant le service avec le concours de la force armée, s'il devient nécessaire, et en éloignant les inutiles comme les curieux ; à prendre les noms des parties intéressées et des personnes blessées ou qui ont fait preuve de courage et de dévouement ; à réunir dans le même endroit et à surveiller les objets sauvés ; enfin, à s'enquérir des causes de l'incendie pour la rédaction des rapports circonstanciés.

Quant aux feux de cheminées, à moins de gravité, il suffit d'avertir le commissaire de police et de relever les noms du locataire et du propriétaire, en invitant ces derniers à présenter le certificat de ramonage.

SERVICE AU THÉATRE, BALS ET LIEUX DE DIVERTISSEMENTS PUBLICS

Les agents doivent d'abord se convaincre qu'ils ne sont pas envoyés dans ces établissements pour participer aux divertissements, mais pour les régulariser en maintenant l'ordre et en veillant à la sûreté de tous. Ainsi, les demandes de places, de billets délivrés à l'avance ou d'entrées de faveur leur sont formellement interdites.

Le théâtre et chaque lieu d'amusement public contiennent un exemplaire du règlement général à faire exécuter, il y a ensuite des consignes particulières que les supérieurs indiquent, notamment pour établir les files sur deux rangs, à l'extérieur, etc.

Les marchands de billets et racoleurs qui se tiennent dehors sont l'objet d'une attention particulière des agents et ne peuvent rester sous les marquises.

Les agents sont aussi chargés du service dans les bals et réunions publiques, où ils sont envoyés pour maintenir l'ordre et la décence, pour empêcher l'encombrement des voitures en faisant prendre une direction différente pour l'entrée et la sortie ; ils doivent veiller à ce que les voisins ne soient pas gênés par les divertissements ; ils se conduisent avec convenance et discrétion, n'oubliant jamais qu'il ne leur est rien dû en dehors de la rétribution fixée par les règlements ; comme ils sont quelquefois isolés, ils n'ont alors que leur intelligence à consulter pour ce service, dont ils rendent compte par un rapport.

DES CONGÉS

Les agents obtiennent des congés quand ils font connaître un motif plausible d'absence, et si les exigences du service le permettent. Il faut, pour cela, adresser une demande à M. le commissaire de police, en la faisant passer par la voie hiérarchique.

DES PUNITIONS ENCOURUES

Le maire prononce d'office, ou sur la proposition du commissaire de police, des punitions proportionnées à la gravité de l'infraction des agents. Elles consistent :

1° En réprimandes et tournées de nuit ;

2° En amendes ;

3° En suspension de service pendant un certain temps, avec retenue de traitement ;

4° Enfin la révocation prononcée par le préfet, sur la proposition du maire.

Les deux premières punitions sont prononcées par le commissaire de police.

Mise à l'ordre du jour

L'ordre du jour est l'inscription au poste central des belles actions ou des fautes de chaque agent.

Des droits à l'avancement

Les droits à l'avancement sont signalés : 1° par les chefs qui suivent le travail habituel ; 2° par la rédaction des rapports ; 3° par les résultats inévitables d'un bon service.

Ce serait une erreur de croire que, pour avancer, il faut recourir à des protections. L'agent qui a su se faire apprécier par des témoignages honorables afin d'obtenir son admission dans l'administration, ne doit compter que sur son activité, son dévouement, pour un avancement proportionné à sa capacité, et basé sur son ancienneté de service.

Qualités d'un bon agent

Pour être et devenir bon agent, il faut : ne s'associer à aucune coterie ; trouver le premier encouragement dans son dévouement, son activité, sa propreté, sa dignité, et dans l'estime de ses chefs ; se montrer aussi zélé que dévoué ; s'en rapporter aux supérieurs pour l'appréciation du mérite de chacun ; consulter souvent ses chefs, enfin, lire, dans les moments de loisirs, le Code d'instruction criminelle, le Code pénal, les divers arrêtés administratifs et les livres qui commentent les lois et ordonnances dont l'exécution est confiée à la police.

CODE PÉNAL

Chapitre II. — Contraventions et Peines.

Première classe

471. — Seront punis d'amende, depuis un franc jusqu'à cinq francs inclusivement :

1° Ceux qui auront négligé d'entretenir, réparer ou nettoyer les fours, cheminées ou usines où l'on fait usage du feu ;

2° Ceux qui auront violé la défense de tirer, en certains lieux, des pièces d'artifice ;

3° Les aubergistes et autres qui, obligés à l'éclairage, l'auront négligé ; ceux qui auront négligé de nettoyer les rues et passages, dans les communes où ce soin est laissé à la charge des habitants ;

4° Ceux qui auront embarrassé la voie publique, en y déposant ou y laissant, sans nécessité, des matériaux ou des choses quelconques qui empêchent ou diminuent la liberté ou la sûreté du passage ; ceux qui, en contravention aux lois et règlements, auront négligé d'éclairer les matériaux par eux entreposés ou les excavations par eux faites dans les rues et places ;

5° Ceux qui auront négligé ou refusé d'exécuter les règlements ou arrêtés concernant la petite voirie, ou d'obéir à la sommation émanée de l'autorité administrative, de réparer ou démolir les édifices menaçant ruine ;

6° Ceux qui auront jeté ou exposé au-devant de leurs édifices des choses de nature à nuire par leur chute ou par des exhalaisons insalubres ;

7° Ceux qui auront laissé dans les rues, chemins, places, lieux publics, ou dans les champs, des coutres de charrues, pinces, barres, barreaux ou autres machines, ou instruments, ou armes, dont puissent abuser les voleurs ou autres malfaiteurs.

8° Ceux qui auront négligé d'écheniller, dans les campagnes ou jardins où ce soin est prescrit par la loi ou les règlements ;

9° Ceux qui, sans autre circonstance prévue par les lois, auront cueilli et mangé sur le lieu même des fruits appartenant à autrui ;

10° Ceux qui, sans autre circonstance, auront glané, râtelé ou grapillé dans les champs non encore entièrement dépouillés et vidés de leurs récoltes ou avant le moment, ou après le coucher du soleil ;

11° Ceux qui, sans avoir été provoqués, auront proféré contre quelqu'un des injures autres que celles prévues depuis l'article 367 jusques et y compris l'article 378 ;

12° Ceux qui, imprudemment, auront jeté des immondices sur quelqu'un ;

13° Ceux qui, n'étant ni propriétaires, ni usufruitiers, ni locataires, ni fermiers, ni jouissant d'un terrain ou d'un droit de passage, ou qui n'étant agents ni préposés d'aucune de ces personnes, seront entrés et auront passé sur ce terrain, ou sur partie de ce terrain, s'il est préparé ou ensemencé ;

14° Ceux qui auront laissé passer leurs bestiaux ou leurs bêtes de trait, de charge ou de monture, sur le terrain d'autrui avant l'enlèvement de la récolte ;

15° Ceux qui auront contrevenu aux règlements légalement faits par l'autorité administrative.

472. — Seront en outre confisqués, les pièces d'artifice saisies dans le cas du n° 2 de l'article 471, les coutres, les instruments et les armes, mentionnés dans le numéro 7 du même article.

473. — La peine d'emprisonnement pendant trois jours au plus, pourra de plus être prononcée, selon les circonstances, contre ceux qui auront tiré des pièces d'artifice, contre ceux qui auront glané, râtelé ou grapillé, en contravention au numéro 10 de l'article 471.

474. — La peine d'emprisonnement contre toutes les personnes mentionnées en l'article 471, aura toujours lieu en cas de récidive, pendant trois jours au plus.

Deuxième classe

475. — Seront punis d'une amende, depuis six francs jusqu'à dix francs inclusivement :

1° Ceux qui auront contrevenu aux bans de vendanges ou autres bans autorisés par les règlements ;

2° Les aubergistes, hôteliers, logeurs ou loueurs de maisons garnies, qui auront négligé d'inscrire de suite et sans aucun blanc, sur un registre tenu régulièrement, les noms, qualités, domicile habituel, dates d'entrée et de sortie de toute personne qui aurait couché ou passé une nuit dans leurs maisons ; ceux d'entre eux qui auraient manqué à représenter ce registre aux époques déterminées par les règlements, ou lorsqu'ils en auraient été requis, aux maires, adjoints, officiers ou commissaires de police, ou aux citoyens commis à cet effet, le tout sans préjudice des cas de responsabilité mentionnés en l'article 73 du présent code, relativement aux crimes ou aux délits de ceux qui, ayant logé ou séjourné chez eux, n'auraient pas été régulièrement inscrits ;

3° Les rouliers, charretiers, conducteurs de voitures quelconques ou de bêtes de charge, qui auraient contrevenu aux règlements par lesquels ils sont obliges de se tenir constamment à la portée de leurs chevaux, bêtes de trait ou de charge ou de leurs voitures, en état de les guider et conduire, d'occuper un seul côté des rues, chemins ou voies publiques, de se détourner ou ranger devant toutes autres voitures, et, à leur approche, de leur laisser libre au moins la moitié des rues, chaussées, routes et chemins ;

4° Ceux qui auront fait ou laissé courir les chevaux, bêtes de trait, de charge ou de monture, dans l'intérieur d'un lieu habité, ou violé les règlements contre le chargement, la rapidité ou la mauvaise direction des voitures ;

Ceux qui contreviendront aux dispositions des ordonnances et règlements ayant pour objet :

La solidité des voitures publiques ;

Leur poids ;

Le mode de leur chargement ;
Le nombre et la sûreté des voyageurs ;
L'indication, dans l'intérieur des voitures, des places qu'elles contiennent et du prix des places ;
L'indication, à l'extérieur, du nom du propriétaire ;

5° Ceux qui auront établi ou tenu dans les rues, chemins, places ou lieux publics, des jeux de loterie ou d'autres jeux de hasard ;

6° Ceux qui auront vendu ou débité des boissons falsifiées, sans préjudice des peines plus sévères qui seront prononcées par les tribunaux de police correctionnelle, dans le cas où elles contiendraient des mixtions nuisibles à la santé (Abrogé par la loi du 5 mai 1855) ;

7° Ceux qui auraient laissé divaguer des fous ou des furieux étant sous leur garde, ou des animaux malfaisants ou féroces ; ceux qui auront excité ou n'auront pas retenu leurs chiens, lorsqu'ils attaquent ou poursuivent les passants, quand même il n'en serait résulté aucun mal ni dommage ;

8° Ceux qui auraient jeté des pierres ou d'autres corps durs ou immondices contre les maisons, édifices et clôtures d'autrui, ou dans les jardins ou enclos, et ceux aussi qui auraient volontairement jeté des corps durs ou des immondices sur quelqu'un ;

9° Ceux qui, n'étant pas propriétaires, usufruitiers, ni jouissant d'un terrain ou d'un droit de passage, y sont entrés et y ont passé dans le temps où ce terrain était chargé de grains en tuyaux, de raisins ou autres fruits mûrs ou voisins de la maturité ;

10° Ceux qui auraient fait ou laissé passer des bestiaux, animaux de trait, de charge ou de monture, sur le terrain d'autrui ensemencé ou chargé d'une récolte, en quelque saison que ce soit, ou dans un bois taillis appartenant à autrui ;

11° Ceux qui auraient refusé de recevoir les espèces et monnaies nationales, non fausses ni altérées, selon la valeur pour laquelle elles ont cours ;

12° Ceux qui, le pouvant, auront refusé ou négligé de faire les travaux, le service, ou de prêter le secours dont ils auront été requis dans les circonstances d'accidents, tumultes, naufrages, inondations, incendies ou autres calamités, ainsi que dans les cas de brigandages, pillages, flagrant délit, clameur publique ou d'exécution judiciaire :

14° Ceux qui exposent en vente des comestibles gâtés, corrompus ou nuisibles. (Abrogé par la loi des 10, 19 et 27 mars 1851.)

476. — Pourra, suivant les circonstances, être prononcé, outre l'amende portée en l'article précédent, l'emprisonnement pendant trois jours au plus, contre les rouliers, charretiers, voituriers et conducteurs en contravention; contre ceux qui auront contrevenu aux règlements ayant pour objet, soit la rapidité, la mauvaise direction ou le chargement des voitures ou des animaux, soit la solidité des voitures publiques, leur poids, le mode de leur chargement, le nombre et la sûreté des voyageurs ; contre les vendeurs de boissons falsifiées, contre ceux qui auraient jeté des corps durs ou des immondices.

477. — Seront saisis et confisqués :

1° Les tables, instruments, appareils des jeux ou des loteries établis dans les rues, chemins et voies publiques, ainsi que les enjeux, les fonds, denrées, objets ou lots proposés aux joueurs dans le cas de l'article 475, § 5 ;

2° Les boissons falsifiées, trouvées appartenir au vendeur et débitant, ces boissons seront répandues ;

3° Les écrits ou gravures contraires aux mœurs, ces objets seront mis sous le pilon ;

4° Les comestibles gâtés, corrompus ou nuisibles, ces comestibles seront détruits.

478. — La peine de l'emprisonnement pendant cinq jours au plus sera toujours prononcée, en cas de récidive, contre toutes les personnes mentionnées dans l'article 475.

Les individus mentionnés au n° 5 du même article qui seraient repris pour le même fait en état de récidive, seront traduits devant le Tribunal de police correctionnelle, et punis d'un emprisonnement de six jours à un mois, et d'une amende de seize francs à deux cents francs.

Troisième classe

479. — Seront punis d'une amende de onze à quinze francs inclusivement :

1° Ceux qui, hors les cas prévus depuis l'article 434 jusques et compris l'article 462 auront volontairement causé du dommage aux propriétés mobilières d'autrui ;

2° Ceux qui auront occasionné la mort ou la blessure des animaux ou bestiaux appartenant à autrui, par l'effet de la divagation des fous ou furieux, ou d'animaux malfaisants ou féroces, ou par la rapidité ou la mauvaise direction ou le chargement excessif des voitures, chevaux, bêtes de trait, de charge ou de monture ;

3° Ceux qui auront occasionné les mêmes dommages par l'emploi ou l'usage d'armes sans précaution ou avec maladresse, par jets de pierres ou d'autres corps durs ;

4° Ceux qui auront causé les mêmes accidents par la vétusté, la dégradation, le défaut de réparation ou d'entretien des maisons ou édifices, ou par l'encombrement ou l'excavation, ou telles autres œuvres dans ou près les rues, chemins, places ou voies publiques, sans les précautions ou signaux ordonnés ou d'usage.

Ceux qui auront de faux poids ou de fausses mesures dans leurs magasins, boutiques, ateliers, ou maisons de commerce, ou dans les halles, foires ou marchés, sans préjudice des peines qui seront prononcées par les tribunaux de police correctionnelle, contre ceux qui auraient fait usage de ces faux poids ou de ces fausses mesures. (Abrogé par la loi des 10, 19 et 27 mars 1851) ;

6° Ceux qui emploieront des poids ou des mesures différents de ceux qui sont établis par les lois en vigueur ;

Les boulangers et bouchers qui vendront le pain ou la viande au-delà du prix fixé par la taxe légalement faite et publiée ;

7° Les gens qui font métier de deviner et pronostiquer ou d'expliquer les songes ;

8° Les auteurs ou complices de bruits ou tapages injurieux ou nocturnes, troublant la tranquillité des habitants ;

9° Ceux qui auront méchamment enlevé ou déchiré les affiches apposées par ordre de l'administration ;

10° Ceux qui mèneront sur le terrain d'autrui des bestiaux, de quelque nature qu'ils soient et notamment dans les prairies artificielles, dans les vignes, oseraies, dans les plans de câpriers, dans ceux d'oliviers, de mûriers, de grenadiers, d'orangers et d'arbres du même genre, dans tous les plants ou pépinières d'arbres fruitiers ou autres, faits de main d'homme ;

11° Ceux qui auront dégradé ou détérioré, de quelque manière que ce soit, les chemins publics, ou usurpé sur leur largeur ;

12° Ceux qui, sans y être dûment autorisés, auront enlevé des chemins publics, les gazons, terres ou pierres, ou qui, dans les lieux appartenant aux communes, auraient enlevé les terres ou matériaux, à moins qu'il n'existe un usage général qui l'autorise.

480. — Pourra, selon les circonstances, être prononcée la peine d'emprisonnement pendant cinq jours au plus :

1° Contre ceux qui auront occasionné la mort ou la blessure des animaux ou bestiaux appartenant à autrui, dans les cas prévus par le n° 3 du précédent article ;

2° Contre les possesseurs de faux poids et de fausses mesures ;

3° Contre ceux qui emploient des poids ou des mesures différents de ceux que la loi en vigueur a établis ; contre les boulangers et bouchers, dans les cas prévus par le paragraphe 6 de l'article précédent ;

4° Contre les interprètes de songes ;

5° Contre les auteurs ou complices de bruits ou tapages injurieux ou nocturnes.

481. — Seront, de plus, saisis et confisqués :

1° Les faux poids, les fausses mesures, ainsi que les poids et mesures différents de ceux que la loi a établis ;

2° Les instruments, ustensiles et costumes servant ou destinés à l'exercice du métier de devin, pronostiqueur ou interprète de songes.

482. — La peine d'emprisonnement pendant cinq jours aura toujours lieu, pour récidive, contre les personnes et dans tous les cas mentionnés en l'article 479.

Disposition commune aux trois sections ci-dessus

483. — Il y a récidive dans tous les cas prévus par le présent livre, lorsqu'il a été rendu contre le contrevenant, dans les douze mois précédents, un premier jugement pour contravention de police commise dans le ressort du même tribunal.

L'article 463 du présent code sera applicable à toutes les contraventions ci dessus indiquées.

Codes des délits et des peines du 3 brumaire an IV

Art. 600. — Les peines de simple police sont celles qui consistent dans une amende de la valeur de trois journées de travail ou au-dessous, ou dans un emprisonnement qui n'excède pas trois jours. Elles se prononcent par les tribunaux de simple police.

Art. 605. — Sont punis des peines de simple police :

Les auteurs de rixes, attroupements injurieux ou nocturnes, voies de fait et violences légères, pourvu qu'ils n'aient blessé ni frappé personne, et qu'ils ne soient pas notés, d'après les dispositions de la loi du 19 juillet 1791, comme gens sans aveu, suspects ou mal intentionnés, auxquels cas ils ne peuvent être jugés que par le tribunal correctionnel.

Loi relative aux mauvais traitements exercés envers les animaux domestiques, des 15 mars, 13 juin et 2 juillet 1850.

Article unique. — Seront punis d'une amende de cinq à quinze francs, et pourront l'être d'un à cinq jours de prison, ceux qui auront exercé publiquement et abusivement de mauvais traitements envers les animaux domestiques.

La peine de la prison sera toujours appliquée en cas de récidive.

L'article 463 du code pénal sera toujours applicable.

Extrait de la loi sur l'ivresse, 23 janvier et 4 février 1873

Art. 1er. — Seront punis d'une amende de un à cinq francs inclusivement, ceux qui seront trouvés en état d'ivresse manifeste dans les rues, chemins, places, cafés, cabarets ou autres lieux publics.

Art. 2. — En cas de nouvelle récidive, conformément à l'article 483, dans les douze mois qui auront suivi la deuxième condamnation, l'inculpé sera traduit devant le tribunal de police correctionnelle et puni d'un emprisonnement de six jours à un mois et d'une amende de seize à trois cents francs.

Art. 4. — Seront punis d'une amende de un à cinq francs inclusivement les cafetiers, cabaretiers et autres débitants qui auront donné à boire à des gens manifestement ivres ou qui les auront reçus dans leurs établissements, ou auront servi des liqueurs alcooliques à des mineurs âgés de moins de seize ans accomplis. Toutefois, dans le cas où le débitant sera prévenu d'avoir servi des liqueurs alcooliques à un mineur âgé de moins de seize ans accomplis, il pourra prouver qu'il a été induit en erreur sur l'âge du mineur; s'il fait cette preuve, aucune peine ne lui sera applicable de ce chef.

Art. 7. — Sera puni d'un emprisonnement de six jours à un mois et d'une amende de seize francs à trois cents francs, quiconque aura fait boire jusqu'à l'ivresse un mineur âgé de moins de seize ans accomplis.

Art. 10. — Les procès-verbaux constatant les infractions prévues dans les articles précédents seront transmis au Procureur de la République dans les trois jours au plus tard, y compris celui où aura été reconnu le fait sur lequel ils sont dressés.

Art. 11. — Toute personne trouvée en état d'ivresse, dans les rues, chemins, places, cafés, cabarets ou autres lieux publics, pourra être, par mesure de police, conduite à ses frais au poste, pour y être retenue jusqu'à ce qu'elle ait recouvré sa raison.

Art. 12. — Le texte de la présente loi sera affiché à la porte de toutes les mairies et dans la salle principale de tous cabarets, cafés et autres débits de boissons.

Toute personne qui aura détruit ou lacéré le texte affiché sera condamnée à une amende de un à cinq francs et aux frais du rétablissement de l'affiche. Sera puni de même, tout cabaretier, cafetier ou débitant chez lequel ledit texte ne sera pas trouvé affiché.

Imprimerie Moderne. — Laval.

www.ingramcontent.com/pod-product-compliance
Ingram Content Group UK Ltd.
Pitfield, Milton Keynes, MK11 3LW, UK
UKHW020951220726
13924UKWH00002B/621

9 782019 217587